O CORPO CRÍTICO

JEAN-CLAUDE BERNARDET

O corpo crítico

Colaboração de
Mateus Capelo

COMPANHIA DAS LETRAS

Copyright © 2021 by Jean-Claude Bernardet

Grafia atualizada segundo o Acordo Ortográfico da Língua Portuguesa de 1990, que entrou em vigor no Brasil em 2009.

Capa
Kiko Farkas/ Máquina Estúdio

Preparação
Ana Cecilia Agua de Melo

Revisão
Thaís Totino Richter
Ana Luiza Couto

Dados Internacionais de Catalogação na Publicação (CIP)
(Câmara Brasileira do Livro, SP, Brasil)

Bernardet, Jean-Claude
   O corpo crítico : e outros textos / Jean-Claude Bernardet ; colaboração de Mateus Capelo. — 1ª ed. — São Paulo : Companhia das Letras, 2021.

   ISBN 978-65-5921-048-0

   1. Bernardet, Jean-Claude, 1936- 2. Cineastas – Autobiografia 3. Cineastas brasileiros 4. Doenças terminais I. Capelo, Mateus. II. Título. III. Título: A doença, uma experiência.

21-58350   CDD-791.43092

Índice para catálogo sistemático:
1. Cineastas : Autobiografia   791.43092

Maria Alice Ferreira – Bibliotecária – CRB-8/7964

[2021]
Todos os direitos desta edição reservados à
EDITORA SCHWARCZ S.A.
Rua Bandeira Paulista, 702, cj. 32
04532-002 — São Paulo — SP
Telefone: (11) 3707-3500
www.companhiadasletras.com.br
www.blogdacompanhia.com.br
facebook.com/companhiadasletras
instagram.com/companhiadasletras
twitter.com/cialetras

Sumário

O corpo crítico 7
Conversa com Mateus, nova versão 47
Conversa com Jean-Claude 49
Pid dcha pin [pronúncia: pid dʃa pĩn] ... 57
Pens Ando 63
Análise cinematográfica 67
Gritar 71
A doença, uma experiência 73
A doença, coda 123

Sobre o autor 125

O corpo crítico

O visitante foi anunciado pelo interfone. Abri a porta do apartamento. Quando Michel K saiu do elevador e me viu, percebi nele um leve estremecimento, que interpretei como surpresa. Imediatamente ele voltou a si e apertamos as mãos.

Antônio, o Tiozão, também veio me visitar. Primeira frase: Cê tá melhor do que eu. Quando nos despedimos, ele recomendou que eu não falasse nada à nossa amiga, ela gosta tanto de você, ficaria abalada.

Dias depois, almocei com Luís Fernando. Política não é com ele — diz —, então falamos de cinema. No meio do almoço, de repente ele se interrompe e exclama com um grande sorriso: "Estou aliviado!". Um segundo para compreender. "Você pensava que eu já era um doente terminal?" Gargalhada afirmativa.

Esses amigos tinham construído uma ficção e se surpreendiam ao perceber que a realidade era outra. Quando tornei público que estava com câncer de próstata e que interrompia o tratamento, muita gente se comoveu pensando que eu desistia. A ficção da entrega à morte, esses amigos a vivenciaram, mas não a inventaram. Ela é gerada por nossa sociedade e tem algumas premissas. Viver o maior tempo possível virou dogma. Festejo do centenário em vida virou um desejo, não necessariamente dos indivíduos centenários, mas de seu entorno. Quem está doente se trata, não tem conversa. Doente que não se trata morre. Esses princípios são considerados naturais porque são indispensáveis à manutenção do gigantesco sistema médico que precisa da nossa longevidade e das nossas doenças para lucrar.

Tempos atrás e bem antes da volta desse

câncer prostático, postei um texto curto intitulado Longevidade e capitalismo. A longevidade é uma necessidade industrial. Laboratórios farmacêuticos, fabricantes de máquinas de ponta para diagnósticos por imagem e outras finalidades, hospitais precisam da nossa "bio" — o que não quer dizer a nossa vida — para lucrar, sendo que a manutenção da bio independe da qualidade de vida. Uma forma de resistência a essa ala do capitalismo consistiria em privá-la da nossa bio, isto é, da sua fonte de riqueza. Acredito que, com humor (levo o humor a sério), eu sugeria uma reapropriação de nossos corpos pelo suicídio consciente e lúcido.

Raros os médicos que aceitam essa discussão, porque a ideologia os leva a pensar não no paciente, mas na sua cura. De algum modo, são sacerdotes de uma forma de religião que podemos chamar de vitalismo. Médicos resistem quando se tenta mostrar a função que eles exercem na máquina, não exatamente condizente com o juramento de Hipócrates. O médico assina um pedido de exame, carimba o CRM e me estende a folha. Não a pego de imediato e digo que sem esse pedaço de papel não teria como ir a um laboratório realizar o exame. São esses papéis que azeitam a máquina. Só *um* médico conseguiu afirmar que se dedicava aos pacientes, mas teve a coragem de reconhecer que era peça numa engrenagem que o ultrapassava e sobre a qual não tinha nenhum controle.

Cresci numa família em que respeitar o médico era princípio fundamental. Em outras, a suma referência é o padre. Na nossa eram o professor e o médico. Levei severa repreensão no consultório de nosso médico de família por ter discordado de um diagnóstico que apresentou a meu respeito.

Apesar dessa confiança, era preciso ficar alerta. Em meados dos anos 1950, meus pais me ofereceram um exemplar de *A cidadela*. Não lembro do enredo do romance de A. J.

Cronin, recordo apenas que meu pai me disse que a cidadela era a corporação dos médicos. Encontrei a sinopse na Wikipédia e fiquei em dúvida. A cidadela seriam as mineradoras que expulsam de uma pequena cidade da Inglaterra um médico idealista e destroem as suas pesquisas, que comprovam que as doenças respiratórias dos mineiros têm origem no seu trabalho? Ou seria o clã dos médicos londrinos ao qual o jovem se integra, aproveitando-se de seus pacientes para enriquecer? No final, o médico retorna a seus hábitos humildes e a seus princípios idealistas; era preciso salvar o personagem. Quanto à cidadela, permaneceu em pé.

Não foi por causa do romance de Cronin que interrompi o tratamento do meu câncer. Interrompi porque já o tinha iniciado. Então a questão é: por que o iniciei?

A primeira pessoa a levantar a lebre foi

minha filha Lígia. Quando lhe anunciei que estava com câncer, ela imediatamente perguntou "E você vai fazer o tratamento?". Como num reflexo, respondi "Vou". Em que lógica eu me encontrava naquele momento?

Em 2016 tive um câncer e foi feita a ablação da glândula. Agora era uma recidiva, mas sem a próstata: um câncer-fantasma. O urologista fala em radioterapia. Palavra que só evoca sofrimento.

HISTÓRIA DE MEU PAI

Fim dos anos 1980, meu pai, câncer de próstata. Vou visitá-lo. Ele está de robe, não é o estilo dele, prostrado no sofá. Não se operou, foi direto para a rádio, que lhe devastou os intestinos, sente dor e tem muita diarreia. Ele e Kelma, sua terceira esposa, abriram uma lanchonete. Ele não consegue mais trabalhar, fica em casa. Mas quer ajudá-la, ela está tocando a lanchonete sozinha. Dias antes tentou ir, mas parou no meio do caminho, não aguentou a subida. Teve que voltar, humilhado. No hospital, me diz que o médico falou que ele morreria naquela cama. Eu estava presente, a situação havia sido outra. Um funcionário do convênio argumentava que meu pai tinha ultrapassado os dias de hospitalização permitidos pelo plano. O médico retrucou em voz alta que um paciente dele não ia morrer por falta de leito. Meu pai falava mal português e sua interpretação era uma maneira de trabalhar a própria morte — que se aproximava. Depois de uma vida de brigas entre nós, eu sentava na cama ao lado dele, segurava sua mão e ele me dizia "Estamos bem assim, nós dois".

Os primeiros exames não localizaram o tumor. Um amigo que estava na mesma situação não se queixou tanto da radioterapia, mas se negou a tomar a segunda dose de hormonioterapia e me recomendou com máxima insistência que nunca me submetesse a esse tratamento. A hormonioterapia é um bloqueador de testosterona e deixa o fulano assexuado. A vida dele tinha se tornado um terror. É um amigo de longa data, e o relato de seu duplo tratamento me marcou fundo. Apesar do efeito do relato sobre mim, permaneço na minha lógica. A saber: se eu tivesse um câncer fulgurante — pulmão, cérebro, fígado ou pâncreas —, que me levasse a uma morte rápida, eu não me trataria.

HISTÓRIA DE ÉMILIE

Era quase septuagenária quando lançou o primeiro livro. *Com tinta vermelha* repercutiu. Mergulhou no segundo romance, um mal-estar se instalou e logo veio o diagnóstico: câncer de pâncreas. Escrever era enfrentar a doença e os efeitos da químio. Em um e-mail ela me disse que se sentia isolada, mas era uma exigência da escrita. Depois disse: "A vida não gosta mais de mim e eu não gosto mais da vida". Em seguida ela me escreveu que tinha acabado e entregaria o texto a uma leitora. Foi a última mensagem. Faleceu. O livro foi publicado por uma editora amiga. As vinte primeiras páginas são brilhantes, soluções narrativas inesperadas. Na sequência o estilo se degrada, os personagens vão perdendo suas nuances, as situações se tornam esquemáticas. Os amigos elogiaram o romance. Respeito e amor teria sido não encobrir sua mediocridade e perceber que ela expressa a luta da escrita contra a morte e contra a químio. Émilie é uma heroína.

HISTÓRIA DE SUZANA

Ela era uma septuagenária despachada e engraçada. Adorava teatro, cinema, papo, restaurante. Fins de semana, seu primo Roberto, Valter e eu costumávamos convidá-la, ríamos. Ela começou a alegar cansaço, preferia ficar em casa. Deixou de atender o telefone, e sua empregada reafirmava: "Dona Suzana pediu pra não ser incomodada". Roberto perdeu o contato. Foi ao prédio e o porteiro explicou que "Dona Suzana não quer ser incomodada". Pressionado, acabou interfonando. Roberto arrancou o interfone da mão dele, e a empregada repetiu o mantra. "Marlene, é o Roberto, vou subir e você vai abrir para mim." Encontrou Suzana encarquilhada no sofá da sala — amarelada. Anunciou que a levaria ao hospital. Ela se opôs com as forças que lhe restavam. Ele telefonou ao Samu, que se recusou a enviar ambulância sem o consentimento da paciente. A não ser que houvesse intervenção da polícia. Chamou a polícia, e Suzana chegou ao hospital no fim da manhã de um sábado. Foi recusada devido a seu estado por demais adiantado. Suzana foi devolvida a seu sofá. A família procurou um hospital que a aceitasse, onde ela deu entrada por volta das onze horas do domingo. Lá faleceu às dezessete e pouco. Roberto vasculhou as gavetas de Suzana e localizou um laudo confirmando câncer de pâncreas. Suzana enfrentou médicos, o hospital, os amigos. Resistiu à família, e quando esta furou o bloqueio, já era vitoriosa. Suzana é uma heroína.

Mas eu estava com um câncer chinfrim que complicaria a minha vida sem me levar a uma solução drástica.

Mateus me pergunta se eu perguntei a Lígia o porquê da pergunta dela. Confuso: "Não, não perguntei". Ele silencia. A pergunta não questionada paira em cima de mim. Aí tem uma zona de sombra da qual eu fujo. Consultada sobre se aceitaria fazer parte desta narrativa, minha filha me corrige, a pergunta foi outra: "Você pensou em não fazer o tratamento?". A zona de sombra se adensa.

Uma batelada de exames e finalmente um PET scan localiza o tumor. Hospital, consulta com o médico R., pergunto se ele será meu médico. Ele responde que sim. Histórico? Sim, meu pai e meu irmão. Serão 35 sessões de radioterapia. Pergunto sobre efeitos colaterais. Um pouco de diarreia, urgências urinárias. "Urgências urinárias quer dizer que não se chega ao banheiro a tempo?" Discreto aceno de cabeça confirma. Suficiente para eu entender. Ele acrescenta que simultaneamente eu teria que fazer hormonioterapia. Vou perguntando, mas a hormonioterapia não é com ele, a atendente no balcão me orientará. Saio com uma série de tarefas. A primeira é falar com a assistente da sala 6, que me dará as instruções necessárias para o tratamento. A dieta é basicamente uma lista do que não posso comer.

Ela deixa transparecer um leve fastio, e penso que tem de repetir a mesma lista de alimentos proibidos para todas as pessoas que se sentam na cadeira onde estou agora. A assistente comenta — na realidade não comenta nada, reproduz o diálogo que está no seu roteiro — que os pacientes costumam conversar entre si na sala de espera. "O que o senhor faria se um paciente que está seguindo o mesmo tratamento que o senhor lhe disser que não está surtindo efeito?" Me apresto a responder que o deixaria falar para aliviar sua ansiedade. Ela me corta a palavra porque não era a fala daquela cena. Eu deveria ter respondido: "Ficaria inquieto quanto ao sucesso do meu próprio tratamento". Então ela diz a fala dela: "O senhor não deve se deixar influenciar. Não é porque um tratamento não dá certo num paciente que ele não poderá ser bem-sucedido em outro". Entro no meu papel e digo "Sem dúvida".

A atendente da sala 6 me faz visitar as dependências do setor, o vestiário, o avental que vou vestir, o escaninho onde guardarei meus pertences. Finalmente vai me mostrar a máquina. Abre uma porta: "É esta". Deitarei na mesa metálica e serei elevado em direção à cabeça do equipamento. Tudo parece normal, mas o que vejo é um dinossauro com longo pescoço. Sou erguido até a boca dele, ele cospe tchi-tchi — os raios fulminantes — e então relaxa, cansado após o gozo. Serão 35 gozos. A assistente me olha, volto à terra e a tranquilizo: "Sem problema".

Não é a primeira máquina na minha vida, tive outras. Sarei da meningite, temível doença oportunista da aids. Os exames não detectavam mais o fungo. Não era possível, ele não sumiria de um corpo portador do HIV, o que foi confirmado por uma perita francesa.

HISTÓRIA DE OUTRA MÁQUINA

Prossegue a caça ao fungo que não deixou vestígios. Agora partimos para uma ressonância magnética. Ligo para uma clínica e a telefonista pergunta se já fiz esse exame. Diante da resposta negativa, ela insiste: "Seu médico não o informou?". De fato, eu já tinha ouvido falar: um amigo teve que entrar no apertado túnel de uma máquina e, tomado por forte claustrofobia — até o metrô o perturba —, não suportou. Mesmo munido de toda a sua força de vontade, teve uma tremedeira que inviabilizou a operação. Com meu acompanhante e também munido de toda a minha força de vontade, chego ao laboratório. A atendente pergunta se já fiz esse exame, se meu médico me avisou, começo a ficar preocupado de verdade. Espero, a hora marcada passa. Uma enfermeira vem se desculpar, é que uma paciente não conseguiu fazer o exame e tiveram que sedá-la. Relaxo um pouco. Logo me introduzem num corredor e a enfermeira avisa: "A máquina é esta". Me encaminham agora para uma saleta, devo tirar a roupa e vestir o avental. A sala é envidraçada e posso ver a máquina do outro lado. Deixam-me ali um longo tempo, concluo que é para me familiarizar com ela. Não posso pifar. Um médico me faz entrar na sala da máquina. Diz: "A máquina é esta". Serei amarrado e introduzido nesse túnel, terei de ficar totalmente imóvel, ouvirei ondas sonoras variadas com pequenos intervalos entre cada grupo, uns vinte minutos depois do início haverá uma curta interrupção, a seguir continuaremos. Ficarei sozinho na sala, mas caso me sinta mal é só fazer um sinal com a mão, ele estará me observando do outro lado do vidro. Começam as ondas, acho um barato. Na realidade, não acho nada, mas me esforço. Percebo que consciência e vontade de fazer o exame geram uma tensão que não vou aguentar. Já estou enfiado neste túnel branco há muito tempo, o exame deveria estar acabando mas nem chegou a interrupção. O jeito é relaxar, de qualquer modo esta máquina não deve ser mortal, de qualquer modo faço o que o médico manda, de qualquer modo quero provar que o fungo está eliminado. Lembro o prazer de ouvir música eletroacústica, essas ondas não são tão diferentes. Na saída, o médico me faz contemplar meu cérebro no monitor, pergunto-lhe se conhece um músico chamado Philip Glass. Ele não conhece.

Antes de chegar à máquina de irradiação, deverei passar por outra, onde será feita a "tatuagem" — "cuidado para não esfregar muito quando tomar banho" — para que o dinossauro possa ler onde deve fazer o seu tchi-tchi. Última sala do percurso, um atendente define o calendário da rádio, a primeira sessão — eles dizem fração — será na quinta-feira... às sete horas. Precisa chegar ao hospital meia hora antes. Ah, não, envelhecendo, não suporto mais levantar cedo.

Para fechar o circuito, consulta com o médico H. Falo do meu receio do tratamento hormonal, que deixou meu amigo de longa data — vamos apelidá-lo de Alfred — assexuado. Ouço o médico sussurrar um "libido zero", logo complementado por um displicente "O senhor é que sabe". Louva as virtudes do tratamento e eu cedo. Janto com Marcelo, ele me diz que estou me tratando num hospital de referência em oncologia e que devo seguir à risca as recomendações dos médicos. Mensagem por WhatsApp após pequena pesquisa: confirmado, a hormono é necessária para o tratamento do câncer de próstata. Confio no Marcelo. Vou fazer.

Na véspera da quinta-feira inaugural da radioterapia, Mateus e eu conversávamos na sala. Ele muda de assunto, volta à pergunta da Lígia (primeira versão) e questiona o tratamento. "Cê tá bem, cê tá ativo, sem sintomas, se você fizer o tratamento cê vai passar mal. Vamos manter essa qualidade de vida, tocar assim enquanto der. Eu estou aqui para o positivo e para o negativo." A conversa me joga em várias direções, mas basicamente ela é euforizante. Por que me privar do meu atual bem-estar? Em nome de quê?

HISTÓRIA DO MEU IRMÃO

Depois de um tratamento bem-sucedido de câncer de próstata, Jean-Pierre foi acometido por um câncer de pulmão. Iniciou uma químio. Depois de seu falecimento saberíamos que, em conversa privada com os filhos, o médico lhe dera oito meses. Foi de fato o que ocorreu. Ele me dizia que estava disposto a seguir o tratamento, mas o que realmente lhe fazia falta era seu uísque no fim da tarde quando costumava assistir a jornais na TV. Não chegou a tomar a segunda dose de químio, o organismo não aguentou. Tratamento suspenso, cuidados paliativos. Hospitalizado, analgésicos o mantinham tranquilo e sem dores. Seria posto em um coma induzido — de vez em quando pinga este susto: somos assassinos? — e daí morreria. No dia da injeção fatal, cheguei cedo ao hospital, perguntei se estava bem, respondeu que não. "Por quê?" "Porque estou morrendo." A família preparava institucionalmente sua morte, e ele preparava sua morte íntima. À tarde vieram alguns convidados se despedir, eles sabiam, ele não sabia. Conversamos, sempre tem assunto pra se conversar. Às 17h30, a esposa pediu que os amigos se retirassem. Às dezoito horas, entrou o enfermeiro que aplicou a injeção definitiva, não sofreu nada. O que justifica ele ter sido privado de seu uísque do fim da tarde? A doença e os pequenos prazeres.

Escrever me remete ao filme de Olivier Assayas Vidas duplas, *em que um escritor de best-sellers que pratica autoficção é acusado por jornalista de se aproveitar de suas ex-namoradas, alterando apenas o nome delas, para ter sucesso. Peço a Mateus para ler a versão que escrevi de nossa conversa. Ele recusa. De qualquer modo, argumenta, "esse Mateus é teu personagem e a narrativa é tua".*

Estamos falando do mesmo fato e da mesma decisão, mas Mateus detecta divergência entre nós. Ele claramente aponta para o bem-estar. Eu deixo transparecer que a decisão me aproxima da morte. Esse subtexto se manifesta quando evoco a dificuldade de viver quase cego, um cineasta para quem a tela, da sala ou do computador, se tornou um borrão. Ele insiste: "Não é isso que estou dizendo. Falo de qualidade de vida. Cê continua tomando a medicação do HIV e praticando pilates, se mantém em forma". Não é um suicídio em fogo brando. Eu me sinto bem porque a sugestão veio dele — ele reafirma que não é uma sugestão nem uma proposta: é uma pergunta. Eu não me sinto só. Estou convencido de que essa é a decisão certa e vou tomá-la. Mas não hoje. Domingo Lígia chega ao Brasil para acompanhar o início do tratamento do pai, não quero interrompê-lo antes da sua chegada. De toda forma, amanhã, quinta, está tudo armado, meu sobrinho vem me pegar às seis da manhã.

Bebidos os quatro copos de água regulamentares, vou me oferecer ao dinossauro. Será assim na quinta e na sexta. Nos dois dias, doze horas após a aplicação de raios, tive disenteria. Mateus comenta: "Ainda bem que cê não tava sentado numa poltrona".

Vou ao aeroporto buscar Lígia. Ainda no táxi anuncio a decisão. Ela não estranha e brinca que então vai voltar para os Estados Unidos. Conversamos os três e nos pomos de acordo sobre a decisão, há um grande afeto recíproco na nossa concordância. Tanto que não fui o primeiro a levantar a questão. Lígia e Mateus a verbalizaram. Me sinto amparado.

Entrego a senha à atendente, ela me pede pra esper… Não, venho dizer que vou interromper o tratamento. Ela se esforça para não deixar transparecer sua surpresa ou talvez incompreensão, "Vou falar com a enfermagem". A reação maior foi da cliente na baia ao lado, ela ouviu. Ela estava preenchendo um formulário, cravou os olhos em mim e sua mão ficou em suspenso. A atendente me pede que vá à enfermaria. Elas já assimilaram a surpresa; vou passar pela triagem (!), uma auxiliar de enfermagem mede pressão e temperatura, me pergunta o porquê da decisão. Explico: a idade, a quase cegueira, a agressividade do tratamento, os efeitos colaterais. Ela aperta minha mão com insistência, "Eu entendo". É a primeira vez que sinto um contato entre pessoas naquele hospital. Ela diz que vai abrir uma queixa. Reajo, não quero me queixar de ninguém. "Mas é uma queixa, é assim que se chama." Sou encaminhado a um médico de plantão. Conto minha história. Ele advoga em favor da manutenção, os riscos, a disseminação do câncer; o tratamento é temporário. Me mantenho firme. Ele se levanta e informa que precisa falar com seu superior. Volta e repete o que já havia dito. Pergunto se é o que o superior mandou me falar. Resposta afirmativa. "Isso não muda a minha decisão." Ele sai de novo e volta com o superior, que me repete o que o plantonista já me falou duas vezes. Sobre as diarreias: não há a menor possibilidade de que as primeiras aplicações provoquem esse efeito. "Talvez uma virose. Teve febre?" "Não." "Fezes malcheirosas?" "Normal." Acrescento que na quarta estava bem — sem virose — e no sábado idem. O caso da diarreia me deixa encafifado, sinto que no fundo até eu tenho dúvidas. O superior acaba concluindo que o convenci (!)

e que aceitaria minha decisão (que bom!), só que não pode. "Por quê?" Não sou paciente dele, ele não pode passar por cima da autoridade do "meu" médico. Então vai "suspender" o tratamento e me pede para refletir melhor durante uns dois ou três dias — mas admite que em última instância a decisão será minha. Digo que agendarei consulta com o médico R. para encerrar o processo.

Vou para a hormonioterapia, setor de oncologia clínica. Explico a situação e peço um documento oficializando a interrupção. A atendente diz que não há problema e vai falar com a médica. Volta e, um pouco constrangida, me comunica que a médica não pode fornecer o papel porque eu dependo de outro médico e ela não pode passar por cima da autoridade do "meu" médico. Dessa vez o "meu" médico é o doutor H.

Nesse prazo para pensar melhor, nessa suspensão — e não interrupção —, nessa obediência a uma suposta hierarquia, se manifesta a resistência do sistema em aceitar a minha negativa.

Eles precisam de mim. A ideologia reza que a continuidade do tratamento é para o meu bem, para a qualidade da minha vida, para a prorrogação da minha vida.

Ao me instalar na máquina, pergunto ao tecnólogo qual é a marca. "Marca do quê?" "Da máquina." "Ah! Varian." Depois da aplicação, verifico o logo da empresa na máquina. O site da Varian anuncia: "Salvando vidas ao redor do mundo". A empresa tem setenta escritórios de venda e atendimento pelo mundo. Aproveita o "poder da energia dos raios X em prol da humanidade". No final dos anos 1930 (quando eu nasci), os irmãos Varian trabalhavam no desenvolvimento de uma fonte de sinais de micro-ondas para melhorar a navegação aérea e a prevenção de possíveis bombardeios nazistas. A origem da máquina em que me puseram é a indústria armamentista (assim como o micro-ondas de sua cozinha).

Para continuar a produzir essas máquinas de prótons e manter ativos seus setenta escritórios, a Varian precisa de meu corpo. É, portanto, compreensível que a instituição hospitalar crie empecilhos para aceitar a minha negativa. Posto no Face um texto curto intitulado "Tirei o corpo fora" — literalmente tirei o meu corpo fora da máquina da Varian. Vou encurtar a minha tão necessária longevidade? E aí, como ficam os lucros da empresa e os dividendos dos acionistas?

Consulta com o geriatra, Lígia me acompanha. Eu já o tinha avisado da recidiva do câncer pelo WhatsApp. Agora anuncio a interrupção. Ele quase não reage. "Preciso ouvir, fala." Falo sobre a evolução da cegueira e sobre a agressividade dos tratamentos. Ele também estranha a diarreia nas primeiras aplicações, costuma ocorrer depois da décima. Falo uns quinze minutos, ele me diz que entendeu, que concorda, que eu sei o que eu quero. Interromperemos análises e exames (o que não é bom para os laboratórios; tomo, ultrassom etc.): não precisamos mais dessas informações. Trabalharemos sobre sintomas. Quais? Um grande cansaço e dores. Existe amplo leque de medicação analgésica, inclusive radioterapia para dores ósseas. Quando vão aparecer esses sintomas? Daqui a um ano, daqui a dois anos, daqui a cinco anos, ou nunca. É que o câncer de próstata pode ser brando em corpo idoso. Um velho pode ter câncer de próstata e morrer por outro motivo.

Confiança total nesse médico. Há anos redigimos juntos um documento que chamo de "carta sobre a não prorrogação artificial da vida", assinada por mim, minha filha e ele. São diretivas antecipadas de vontade conforme os artigos 1 e 2 de resolução do Conselho Federal de Medicina datada de 2012. O documento determina que não posso ser submetido a procedimentos que não tragam benefício claro à minha qualidade de vida. O geriatra inclui aí a radioterapia e a hormonioterapia a que eu ia me submeter, embora um médico do hospital tenha afirmado que a finalidade da rádio é a cura. Uma amiga havia redigido carta semelhante, o que era do conhecimento dos filhos, mas, no afã de prolongar a vida da mãe o máximo possível, os filhos acabaram lhe proporcionando longos dias de sofrimento até o falecimento. Lina Chamie me contava que o último ano de vida de seu pai, Mário, foi infernal por conta de um câncer de pulmão. O médico repetia energicamente: "Vamos lutar até o fim". O pai sofria, ninguém dava ouvidos à moça, o pai se deixava envolver pela lábia do médico, e Lina se perguntava "até o fim de quê?". Mário Chamie morreu de enfarte.

O geriatra é *meu médico*. Os médicos do hospital não são meus médicos. Entrevistado por Mario Sérgio Conti, consegui encontrar uma formulação que caracteriza o sistema médico do qual estou saindo. Eles não eram médicos do paciente, eram *médicos do meu câncer*, o qual os preocupava mais que o portador do tumor. Eu mal lhes interessava (apesar da amabilidade formal). Nenhum dos dois chegou a me perguntar se eu queria me tratar ou a se preocupar com a minha visão ou idade... Também é possível dizer que são *médicos de protocolo*. Pressionado, o doutor H. reconheceu que "aplicamos o tratamento-padrão". Essa conversa ocorreu em encontro que solicitei para dar um fim oficial ao tratamento hormonal. Ele afirmou que o tumor poderia crescer dois centímetros em um ano, mas havia também a possibilidade de que aumentasse apenas um milímetro, já que em idosos esse câncer pode se manter manso, e nesse caso não haveria riscos. Observei que ele me fornecia informações que não haviam sido transmitidas na primeira consulta. O doutor R. também admitiu que na primeira consulta havia minimizado o rigor do tratamento e de seus efeitos colaterais. Reconheço que, se abrissem o jogo, eles poderiam afugentar o cliente. Ao sair dessas conversas, tendo conseguido o encerramento oficial dos tratamentos, me senti livre. O liquidificador foi desligado. Calmaria, silêncio.

O doutor H. insistiu em me entregar pedidos de PET scan e de PSA. "Não precisa", já que desisti do tratamento. "Mas se você quiser acompanhar a evolução do quadro" (uma última chance para as máquinas se apoderarem de meu corpo). Por cortesia aceito, não custa. Por via das dúvidas, guardei-os em casa.

Nessas conversas informais, os dois médicos se apresentaram sob outro ângulo. Questionados, eles como que saíram de seus papéis, se revelaram tímidos, frágeis, deixando claro que na consulta oficial eles eram médicos metade humanos metade robôs. São formados para exercer seus papéis. Uma característica dessa faceta robótica é manter o corpo do cliente à distância. Tocar é exceção, tudo é mediado por imagens, exames e laudos. O aperto de mão é mera formalidade.

HISTÓRIA DE UM JOELHO CONTUNDIDO

Uma pancada provocou múltiplas minifraturas na minha rótula direita. Pronto-socorro de hospital, necessidade de operar. Autorização do convênio, cirurgião, sala, dia e hora, tudo marcado. Meu irmão sugere que consulte seu ortopedista para ter uma segunda opinião. Consulta marcada. Estico o braço por cima da escrivaninha para ele pegar toda a documentação que eu tinha trazido. Ele me diz: "Não sou médico de imagens, sou médico de gente". Pediu que eu tirasse as calças e andasse na frente dele. Nunca fui operado.

Preciso ressaltar que quem enfrenta essas situações é quem tem acesso à medicina a que tenho acesso. Quem se trata no SUS tem problemas mais imediatos e outras urgências. Inclusive operações marcadas para dali a dois anos, enquanto as consultas no hospital onde eu me tratava não atrasam nem cinco minutos.

Tornei público, nos anos 1990, que estava com aids. Nós, os soropositivos, não temos por que nos esconder, não vamos viver no medo. A repercussão foi positiva. Agora estou propondo um debate sobre a relação entre cliente e sistema médico. O primeiro post em que anunciei a decisão de interromper o tratamento foi "Insubmissão". Apareceu uma enxurrada de mensagens superafetuosas.

Para algumas pessoas, o texto soou como "uma espécie de despedida dele, despedida da vida". Alguém falou em "dias crepusculares". Um amigo me imaginava em estado terminal, a julgar por suas palavras: "Não sei o porquê de escrever ainda, mas acho que escrevo aqui com pressa pra que chegue a tempo". "Essa foi a notícia mais triste pra mim em catorze anos." Até o pretérito foi usado: "Que essa passagem seja o mais suave possível. Você teve uma vida cheia de realizações". Ainda estou tendo. Para esses leitores, câncer + tratamento interrompido = morte breve. "... já sinto saudades." Acertei com Cida Moreira que, na cerimônia de incineração, ela cantará "Alabama Song".

"Decisão de um guerreiro pela vida." Há quem enxergue o oposto. "Linda lição de liberdade." "Sua vitalidade transborda e inspira." Valorizando o título "Insubmissão", bem como o enfrentamento da doença, do tratamento e do poder médico, Luiz Rosemberg Filho, pouco antes de sua morte, escreve: "Você é uma fortaleza escondida! Vá em frente que viver é OUSAR!". "Você expressou com segurança o que sinto." "Sua rebeldia é a nossa. Sinto-me plenamente representada." As pessoas se sentem presas num imenso labirinto de hospitais, médicos, laboratórios, mensalidades do convênio, redes de farmácias. Minha atitude significa mais que a interrupção de um tratamento. É enfrentar a opressão médica. "É necessário denunciar o sistema liderado pelos grandes laboratórios de medicamentos. O paciente é coisificado, não tem sua dignidade minimamente respeitada." A questão é colocar o paciente como sujeito no centro do sistema, possibilitando mesmo que faça opções que o sistema julga prejudiciais. "O que você tá fazendo é político. O direito do paciente se assumir como sujeito diante do seu tratamento e da sua doença... temos que alterar essa relação sujeito/objeto... as pessoas têm que assumir a própria voz." A voz e o corpo.

Sobre a questão das diarreias nas duas primeiras e únicas aplicações de raios: há uma unanimidade, à qual se junta até meu amigo Alfred, em torno da improbabilidade de serem efeitos colaterais. Por isso, proponho a seguinte interpretação: meu corpo (possivelmente instruído por mim e pelas conversas com Alfred) tomou a iniciativa de se manifestar e sinalizar que recusava o tratamento. Inácio Araújo escreveu no seu blog que "JC tem um corpo crítico por excelência". (Comento essa frase que eu adoro com um amigo, que replica: "Meu corpo está abaixo da crítica". Resolvemos deixá-lo no anonimato.)

Marcelo Pedroso me manda este e-mail: "Contrariamente à maioria dos pensadores, você assumiu seu corpo como lugar de experiência e intervenção no mundo e isso é muito lindo e raro". A tua fala me faz compreender melhor o que eu faço — obrigado, Marcelo. Esse olhar externo me ajuda a me construir.

Este corpo octogenário, aidético e canceroso, este corpo que saiu das máquinas Varian e do sistema médico, este mesmo corpo dançou recentemente "Smoke Gets in Your Eyes" para um filme de Paula Gaitán. Dei uma entrevista a Paula para sua série *Os Resistentes*. Ela gostou e pediu mais uma rodada, mas da segunda vez deslizamos da palavra à dança. Acabada a gravação, ela me disse: "Você é melhor dançarino do que crítico de cinema". Logo depois se arrependeu. Tarde demais. Ouvi e gostei.

* * *

"A doença é uma fonte de energia. A doença não é uma fonte de energia, fonte de energia é o enfrentamento da doença." Foi o que escrevi no meu livro em torno da aids *A doença, uma experiência*, publicado em meados da década de 1990. Éramos então condenados a uma morte a curto prazo. Naquele período, tive uma produção intensa e criativa. Uma atividade frenética. Não porque precisasse aproveitar ao máximo o tempo que me restava, mas porque a proximidade da morte me libertava, deixei de lado as chatices da vida e fiquei extraordinariamente estimulado. Não virar objeto da doença, recusar o papel de vítima. Dialogar com a doença, viver a doença com intensidade.

E agora? Ainda não conheço o meu novo câncer. O de 2016 já são águas passadas, embora sequelas do tratamento ainda estejam ativas. Câncer nº 2, eu ainda não sei quem você é, como dialogar com você, como nós dois vamos nos relacionar. O que você me traz, que estímulos, que inquietações. Estou aberto para as suas propostas.

Bombinhas de morfina? Podemos experimentar. Um hospital de cuidados paliativos me abriu generosamente as portas. Não sei nada. Estou diante de um imenso descampado, ou de uma mata cheia de urtigas ou cipós. Aberto para mais essa experiência.

Vivo num clima de morte, respiro a morte. Não é o câncer. Parte da sociedade quer acabar com o grupo social ao qual pertenço, a opressão me sufoca. Negam o Renascimento e se voltam para uma pretensa Idade Média totalmente inventada, masculina, branca, cristã, despojada de todo espírito crítico e guerreira. Os alvos desse *Brasil — A Última Cruzada* somos nós. Em texto intitulado "Baixo nível", Sérgio Augusto escreve: "'O projeto do governo é exterminar-nos, artistas, intelectuais, cineastas, professores', alertou há dias em seu blog Jean-Claude Bernardet. Como ele é artista, intelectual, cineasta e professor, por certo sabe, como sempre soube desde a invasão da Universidade de Brasília em 1964, do que está falando... Quem sobreviver verá".

Conversa com Mateus, nova versão

"Dá um abraço pro nosso amigo aí. Diz pra ele que a gente também pede muito pra ele... mesmo que ele não creia, né! Que os nossos Orixás estão com ele. Tá?"

Essa mensagem expressa a minha aproximação afetiva com a umbanda. Foi enviada a Mateus pela mãe Eliana.

Mateus apareceu quase no final de 2014. Daí foi passar as festas com a família. Na Páscoa não tinha voltado. Liguei. Em 48 horas reapareceu. Tempos depois, me dirá que seu caboclo anunciara que ele iria receber um chamado. Era pra atender. Essa revelação aprofundou nossos laços. Nossa relação afetiva passa pela umbanda.

Um dia antes da radioterapia começar, Mateus se sentou na poltrona vermelha com olhar de quem queria conversar. Ele pedira à mãe Eliana que jogasse búzios pra mim. Ela mandou uma mensagem me aconselhando a fazer o tratamento. Mateus estranhou o texto, ela respondeu que tinha esquecido o "não". Ela também dizia que eu estava "em via de desencarnação". Fiquei surpreso. Morte iminente? Mateus: não, estamos todos em via de desencarnação. Ele (eu) "está precisando de incentivo, algo como escrever um livro ou uma peça de teatro, isso fará muito bem a ele. Bj. Mãe Eliana" (Seg, 1º de abril de 2019).

Sem Mateus e a mãe Eliana, eu teria interrompido o tratamento?

Conversa com Jean-Claude

— É seu filho? — pergunta o médico.
— Não — você responde.
— Vocês são parentes? — pergunta o médico.
— Não — você responde.
— Ah, são amigos... — ele tenta finalizar.
— Ou inimigos — você estica.
— Na verdade, eu sou o demônio dele — eu.

Eu espero que você morra. Não dá pra se levar tão a sério também.

Vejo minha irmã na TV falando sobre "valores familiares". Numa rede social, um político reacionário fala sobre "valores familiares". Ambos usam as mesmas palavras, significa a mesma coisa?

Fazemos a bateria necessária. Dizem que vai ser simples. Palavras de apoio. Exames. Médicos. Perguntas. Outras mesmas perguntas. (Li algo assim num livro seu.) E táxi, caminhada, resultados, e dizem que vai ser muito simples. Horizonte otimista. A gente segue.

Você não tá sozinho, eu não tô sozinho, e, por vezes, a gente assim sente. Eu sei que viver comigo é meio terapia de choque.

Eu amo as palavras no sentido da poesia que elas têm, o mais original: toda fala ligada ao corpo. Tudo aquilo de radioterapia parecia uma boa ideia até chegarmos à linha de partida da oncologia. Nada do que o médico dizia parecia ser agradável. Aí veio uma história de depressão (e seus acúmulos), diarreias (e outras questões nesse campo), cansaço físico (difícil te imaginar sem vigor), remédios (a longo prazo), mais remédios (pra corrigir os efeitos dos primeiros remédios), aí outros remédios (pra corrigir os efeitos dos outros-outros remédios) e aí vamos ver como corrigir (com outros-outros-outros remédios) os efeitos do tratamento, e não se sabe se o câncer se vai. A ciência exata.

Quando um preto velho aconselhava ida ao médico, eles não falavam *médico*, chamavam de *burros*. Corpo é laboratório aberto. E o que me parecia mais terrível era a perspectiva de tratamentos madrugais: você detesta acordar cedo. Pra que isso?

A recidiva do câncer, ciência importa, ele tá de boas, mais um na lista. A linha de partida é a linha de chegada. O corpo inventa um fantasma na matéria, o deslocamento de algo que você nem mais tem. Acho que tudo é energia. A gente tem diferentes inteligências. Estudo filosofia, assisto *Chaves*, *O banquete* na cabeceira, bato punheta, vou à academia. Ensaio à noite e você deita na minha cama pra ouvir. Às vezes nem vejo você entrar. À direita está a porta, direito é meu olho cego. A gente tem diferentes inteligências, e uma delas me alerta pra algo. Nada do que o oncologista dizia parecia ser agradável.

1º de abril — 11h09
Oi, Mateus. Somente hoje pude jogar para Jean. Ele está certo em fazer o tratamento. Terá que aumentar a imunidade e melhorar o psicológico, pois ele está precisando de incentivo. Vi algo como escrever um livro ou uma peça de teatro, isso fará muito bem a ele. Bj. Mãe Eliana.

3 de abril — 11h43
Oi, filho! Preciso saber se recebeu minha mensagem.

Detesto demorar para responder, às vezes acontece. Eu inventei que a dúvida sobre fazer o tratamento era sua, mas era minha. Decido ligar pra minha ialorixá pra desculpar a demora. Ao telefone, ela fala da perspectiva de não fazer o tratamento. Não entendo: a mensagem dizia que estava o.k. Interrompo e pergunto: "Faltou o *não* no sms? Detalhes, né?". *Detalhes são para a vida real*, escreve Carol. Parece que são. "Jean está certo em não fazer o tratamento." Se a questão é saúde, por que surrar tanto o corpo?

Oitenta anos e saudável, mas tenho impressão de que vc reclama da vida desde os cinco. Com razão. Mas o que se faz com tanta razão? Muito tempo, longos anos e você deve ter o suficiente. Imagino que sua primeira pergunta tenha sido: por que a morte não vem? Quando saio do meu quarto, atravesso o corredor e te vejo ao longe ensaiando postura de caixão. Posição mortuária de dormir. Mas ela te belisca, não é? A morte tem outra função. Logo que eu levanto pra mijar, você levanta também. Nosso corpo compartilha. Às vezes sinto dores que não são minhas. A gente fala de morte, ela tá muito presente na ordem dos acontecimentos. Desda infância. A tv fala de morte, o jornal vende morte, o cinema glamouriza a morte e a gente conversa sobre. É a mesma palavra, mas significa a mesma coisa? Era o mesmo câncer, mas é diferente? O corpo inventa em si um lugar que nem existe mais. Mitologias cerebrais, é tudo concomitante.

Vc me conta que às vezes sente vontade de se jogar da janela, mas tem a tela de proteção. Eu digo que o inconveniente disso é depois alguém ter de limpar. Platão disse que Sócrates disse ou Platão escreveu o que Sócrates teria dito ou dizem que foi Platão que escreveu, mas eu li (ou pelo menos eu digo que li) que ele bebeu a cicuta. (Ou pelo menos dizem que ele bebeu a cicuta.) *Filósofos suicidas.* Você acredita em herói?

É seu filho? Pergunta o médico. Não, você responde. Vocês são parentes? (ele). Não (você). Ah, são amigos... (ele tenta ajustar). Ou inimigos (você desajusta). Na verdade, eu sou o demônio dele (ironizo). Não dá pra se levar tão a sério. Ambos sabemos.

Vc chega, eu tô sentado na poltrona, vc senta na minha frente e eu falo dos búzios. Vc se empolga e as coisas mudam: tem mais sol agora do que no cenário anterior.

Eu espero que você morra e não leve isso a mal. Nem a sério. Procura o que é demônio em Sócrates ou felicidade em Mãe Eliana do Bará. Você vai fazer falta.

M. C.

Pid dcha pin
[pronúncia: pid dʃa pĩn]

Bailarina, poliomielite, Maria Duschenes era agora professora de dança. Só bem depois fiquei sabendo que era húngara, fugiu da guerra. Como fui parar no seu estúdio, não tenho essa memória. Ela lutava contra a verticalidade, a ponta dos pés clássicos, a elevação. Era uma ruptura no meu imaginário. O Bolshoi, *O lago dos cisnes*. A morte do cisne vista quantas vezes da galeria do Teatro Municipal. Aplaudindo de pé encostado no corrimão, aos prantos, alguém me segura de medo que eu descambe. Com Maria Duschenes era no chão.

Também com Roberto trabalhei o chão. Los Lobos vieram a São Paulo na mesma época que o Living Theatre. Quando retornaram a Buenos Aires, Roberto se quedou. O chão de

Maria, pelo menos nas minhas aulas, era austero. Corpos isolados exploravam o solo. Se esticavam, se contorciam, rolavam. À minha direita Yolanda passa de bruços. Os corpos de Roberto eram outros, a meta era o encontro. Na penumbra, espalhados pela sala, devíamos chegar ao centro. Sem usar cotovelos nem levantar a cabeça, intensificar a relação com o chão, pesquisar movimentos que nos levassem à meta. Os corpos começam a se esbarrar e se amontoam. Suor, anatomia, hesitações, aceitação dos corpos que te recebem, dos corpos que te cobrem (pequeno espaço pra respirar), uma vaga lascívia. Foi quando todas as luzes se acenderam. Uma mulher grita. Relaxados, lentos, estonteados, tentamos nos erguer. A senhora que alugara a Roberto sua sala de balé clássico se vê diante de uma suruba. Imagem de 68.

Roberto alugou uma casa.

A sala de balé clássico era apenas um espaço onde atuávamos — sem relação com a barra e o espelho. A casa era um espaço a inventar. Inventar as portas, as persianas, os corredores, a escada. A arquitetura da casa esperava nossos corpos em movimento, nossos olhares, nosso fôlego. Dois braços mal se roçam que já chispam. A dramaturgia corporal é novidade pra mim. Roberto nos deu um tema — traição — e nos deixou improvisar. Acendeu as luzes e saiu.

Zdenek Hampl dançava pelas ruas de Praga no meio dos carros. Os motoristas apreciavam a performance. Essa coreografia automotiva foi a base de um número do espetáculo que a Lanterna Mágica trouxe a São Paulo. Zdenek se exilou. Ele achou os motoristas paulistanos agressivos, se sentiu inseguro, até ameaçado. Após algumas tentativas, desistiu. Passou a dar aulas.

Já havia um grupo quando cheguei. Rapidamente Zdenek e eu entramos numa sintonia racional. Não demorou a estourar um conflito. Trabalhando a direção do olhar, Zdenek pede um movimento que fosse confuso para um olhar lateral, mas nítido se visto do teto. Eu fico em pé, abro e fecho os braços, enquanto as mãos esticam e recolhem os dedos. Na minha frente, uma bailarina se contorcia numa espiral. Zdenek apreciou meu trabalho, substancial e suficiente. Mas como! Ele nem tava no início do curso, abrir e fechar os braços não é lá grande coisa. Mas era. Zdenek me levou um passo adiante. Fiz uns exercícios de coreografia, permaneci na chave racional e geométrica. Uma edícula e o fundo da casa viraram cenografia. Já era noite, improvisei uma luz mortiça. Pelas portas e janelas entreabertas, pessoas se passaram um cabo de vassoura, desenhando uma espiral ascendente do térreo ao primeiro andar. Zdenek comentou o ambiente estranho da cena. Exultei.

Zdenek deixou de dar aulas. Anos passaram, soube que morava no Rio, ficara cego e estava reduzido a uma vida precária. O Muro ainda não tinha caído.

Recém-chegados ao Brasil, morávamos na periferia. Não havia móveis na sala. Eu ando simulando que afundo uma pá no solo com um pé, ela se enche de terra que despejo à direita. Pronuncio uma sílaba a cada movimento: pid é o primeiro — dcha — pin. Concentração total. Gargalhada. Atrás de mim os pais observam, divertidos. Fico sem graça. Faço como se nada tivesse acontecido. Mas aconteceu. Eles pronunciam pidchapín zombando. Dançar, nunca. A palavra me perseguirá por anos.

Meu sonho é dançar Béla Bartók para Paula Gaitán, sugestão dela. Um corpo octogenário desafiar Bartók deve ter sua beleza. Concerto nº 1, primeiro ou segundo movimento, hesito.

Pens Ando

Em 1988, a *Folha de S.Paulo* ataca o suposto *farniente* de professores universitários. Relata (acusa?) que Giannotti, então diretor do Cebrap, chega cedo ao escritório, despacha com a secretária e em seguida vai passear no parque Ibirapuera. Giannotti me responde: Eles têm razão, é exatamente o que faço. Para deslanchar um texto preciso ter a primeira frase. Amplos os caminhos do Ibirapuera, pouca gente, propiciam uma marcha regular favorável à concentração mental. O ritmo do andar e o ritmo do pensar se harmonizam. Em depoimento ao jornal, "Muitas vezes é preciso caminhar-se para montar a estrutura do artigo". Me sinto perto dele.

O vigoroso *caminhar-se* não é o passo de *O*

homem que caminha, de Giacometti. A coluna inclinada pra frente provocará uma queda se não se fizer o gesto essencial: pôr o outro pé na frente. Tampouco são os passos decididos dos performers da *Sagração da primavera* de Pina Bausch. O corpo como pensamento. Foi assistindo a esse espetáculo no Teatro Municipal que entendi que andar não é apenas uma ferramenta, é uma ação.

A coluna de Giannotti fica ereta, imperceptivelmente inclinada para permitir o passo. O tônus, fraco, não mobiliza o pensador. Tudo é mental. Se o calor não for excessivo, é capaz de dar certo.

Chuveiro também serve, desde que morno e fraco. Água quente e forte mobilizará o corpo. A elaboração do pensamento precisa de movimento suave e regular pra encontrar seus caminhos. Longe da massa estática d*O pensador* de Rodin, que ignora a fluidez.

Nada disso impede que surja uma ideia genial ao tropeçar num meio-fio.

* * *

Na Alemanha, Maurício Segall subiu até o topo de um pico e desceu a pé. Ao chegar embaixo, estava com a estrutura de uma peça na cabeça. Estranhou e atribuiu esse trabalho de construção à marcha. Talvez *Frei Caneca*?, não me lembro. De volta, aproveitou uma área livre do Museu Lasar Segall, que dirigia, para instalar o que parecia ser um jardim. Era um pequeno labirinto, protegido da rua por vegetação alta, onde os frequentadores da biblioteca podiam andar e refletir sobre suas pesquisas.

Depois de sua morte, o pessoal do museu me entrevistou. Contei do labirinto. Sabiam do jardim, não do caminho de pensar. "Ideia esquisita", ainda mais vindo de Maurício. Eles não sabiam que Maurício tinha um corpo. Eu também não. Com o deambulatório, descobri Maurício.

Análise cinematográfica

Tela do laptop, vejo *Entre nós talvez estejam multidões*, longa de Aiano Bemfica e Paulo Maia de Brito. Foi gravado na Ocupação Eliana Silva, em BH. Planos longos, abertos, geometricamente compostos, e um ritmo que deixa o tempo se desenvolver evocam um cinema alemão dos anos 1970. Uma sensação física em mim.

Depois — só depois — uma formulação verbal se ordena: esse não é o espaço — essa não é minha experiência do espaço — labirinto, ocupação, favela.

Houve um pensamento — corporal? — antes de qualquer organização verbal começar a se construir lentamente, ao ritmo do filme.

O pensamento prossegue, agora conforme

as regras da sintaxe, entrei na ordem. No filme o espaço construtivista (expressão usada por Aiano em conversa posterior) mantém um diálogo agressivo com o espaço da opressão.

A estética política de *Entre nós talvez estejam multidões* abre, estoura, ilumina os espaços acanhados, as ruelas estreitas em que duas pessoas não conseguem caminhar lado a lado.

Esse pensamento produzido pelo corpo e que poderíamos ter a tentação de considerar *sensação*, eu já o experimentei em *Jogo de cena*, de Eduardo Coutinho.

O primeiro corte para Andréa Beltrão. Ela retoma com ligeira modificação a última frase da depoente que a precede. As minhas nádegas se levantaram do assento. Com a rapidez de um corte.

Eu ainda não sabia mas meu corpo tinha entendido. Entendido que o pronome *eu* passara de expressão da subjetividade a categoria gramatical.

Saindo encontro pessoas conhecidas. Me perguntam se assisti ou vou assistir. Me preparo pra responder que vi o filme do Coutinho. Vou falar *Eu*... Sinto um leve tremor. A pergunta estoura: *EU* quem?

Minha bunda já se tinha levantado da poltrona. Foi no cinema Marabá, quando o Alien pula pra fora do peito do homem. Mas era apenas um susto.

Gritar

Final de 1968, ICA/UnB, ou seja, Instituto Central de Arte da Universidade de Brasília. Após uma aula, o diretor me procura no corredor e me pede para manter ordem na sala. Atraído pelo barulho, ele tinha aberto a porta da sala e se defrontado com um aluno vociferando de pé na carteira. Isso é verdade. O jovem nos contava seu roteiro e já interpretava o personagem criado à sua imagem.

Os outros estudantes narraram seus roteiros sentados. Maurice Capovilla, outro professor, e eu sentimos necessidade de inventar alguma ação pra desenferrujar os alunos. Era só convidar Joel Barcelos, ator famoso do Cinema Novo — e bem loução, era o essencial. Joel não veio pra falar, veio pra agir. Os alunos abririam espaços dentro de seus corpos. Importava gritar. Começou com emissões de voz quase sussurradas, esquentar e dilatar a garganta. O volume sonoro aumenta. Capô e eu vigiamos as entradas do auditório. Pra evitar uma inevitável intervenção da diretoria. Miguel Pereira sorri e admite que alguns professores têm métodos diferentes. Os pulmões trabalham. O grito agora é retumbante e enche o prédio.

Tenho pesadelos, me vejo em situações de perigo e não consigo gritar. O grito fica encalhado na altura do esterno. Angústia coagulada.

Todes têm que poder gritar. Num descampado ensolarado ou na umidade de subterrâneos. Tomei aulas de grito com Cida Moreira. Saem uns sons atrofiados da minha garganta. Pergunto: Gritei? Cida: Não. Treino. Um sopro sobe do fundo das minhas entranhas [metáfora], a garganta se dilata e não emito som nenhum. Pergunto: Gritei? Cida: Sim.

A doença, uma experiência

Ele me perguntaria, como tinha perguntado o outro médico, quando ocorrera a contaminação, todos perguntavam, pergunta de praxe. Responderia que não sabia. Nem uma aproximação? Não, posso lhe dizer quando fiquei sabendo, até aí vai a minha ciência. Não quero saber, nunca acabamos com o mito das origens, foi, foi, pronto. Alphonse, Paris 84, ninguém se preocupava muito, ninguém falava em camisinha, virtuoso da foda, não havia como resistir a Alphonse, tinha-o conhecido numa festa de gente da alta, amigo de juiz importante, essa gente não devia estar contaminada. Talvez estivesse. A caminho de sua casa para mais uma foda genial, Alphonse me conta como transara dias antes com dois caras debaixo do arvoredo de uma praça, todo orgulhoso da performance, senti o terreno inseguro, mas era melhor continuar assim, se tinha que ser já tinha sido, e falar com ele de camisinha teria sido cortar a foda, isso não. Fernando, na década de 80, nunca tomamos cuidado, o amor era tanto que nos julgávamos, suponho, imunes um ao outro, Fernando transava por fora, eu também, com os outros me protegia. Um acidente com a camisinha no fim dos 80. E daí?

Saí tranquilizado do médico, chão firme, nesta base: talvez morra logo, o que não me importa demais, só me atemorizam meses de agonia, camas de hospital, a tez embaçada, o olhar dos outros. Enquanto permanecer ativo e com a aparência pelo menos resguardada, vou em frente. Só que não se morre de aids como de enfarte, pena. Eu penso: talvez morra logo, mas o que esse médico puder ele fará, e será pelo melhor. Eu penso: impossível a avaliação técnica do médico pelo paciente, sobram apenas a eficiência do tratamento e a confiança, talvez mais a segunda que a primeira. A confiança está firmada, portanto tudo pelo melhor.

Estou livre dos médicos públicos, o que me matava, talvez mais que a doença, era a desconfiança. Um médico reconheceu ter cometido erro de dosagem num medicamento, apenas pequena confusão sem graves consequências, mas o suficiente para eu entrar em pânico, me sentir instável, sem referências. A longa espera na sala debilita, apesar dos horários marcados não há previsão de atendimento. E o desfile cruel: rostos marcados pelo sarcoma de Kaposi, doentes que tentam andar amparados por amigos, olhos fundos em quase caveiras, a crueldade dos doentes com os acompanhantes, que sempre fazem tudo errado, impaciências sofridamente superadas, mas que deixam vestígios nos rostos amigos, que se querem amigos e talvez não sejam. Um senhor elogia a sua doença: vivia a esmo, desperdiçava tempo e saúde, a doença lhe fez bem, agora sabe da importância da vida, cada minuto. Fala alto, olho e ouço, raciocino que sua reação é saudável e confortante, mas não me deixo penetrar. Só vejo os outros: esse é o meu futuro. Chego ao consultório esgotado, qualquer coisa que diga o médico não terei reação, uma gentileza de fachada me deixará indiferente. A psicóloga me faz compreender que as coisas mudaram, que não tenho mais as energias de antes, que preciso me precaver, que preciso me preparar — para quê? para a morte —, se eu achar que vai chover, mesmo que não chova, devo sair com guarda-chuva para me resguardar, se achar que vai esfriar, mesmo que não esfrie, devo levar um agasalho. Conto esses conselhos a uma amiga, ela acha que são sensatos, acabo me convencendo de que são sensatos. Tinha ouvido acachapado, não achava sensato nem insensato. Agora acho que são conselhos sensatos, devo estar progredindo, fico mais realista. Mareado o tempo inteiro, não sinto vontade de comer. Minha amiga prepara com carinho pratos frios, saladas, queijos. Comendo aos bocadinhos, esses alimentos descem vencendo a náusea.

Preciso sair desse limbo dos pré-mortos para onde vou sendo empurrado, o que vai me matar não é a doença, é a rede que está se fechando em volta de mim, os doentes da sala de espera, os conselhos amigos, os corredores dos serviços públicos, o médico de quem desconfio e que não dá a mínima para a ligeira dor de cabeça que sinto de uns dias para cá. Talvez seja o efeito da medicação, se continuar, volte. Voltar, de novo a espera, a sala de espera, as enfermeiras que conversam sobre o par de meias que uma delas comprou de um vendedor que circula pelas repartições públicas, enquanto a outra me tira sangue sem me olhar. Que não sorria se não quiser, mas, porra, olhar para mim... Que enfie a meia na cabeça. O que se cria ao meu redor não tem forma, é gosmento e não tem nome. E abafa.

36,6. 36,7. 36,8, a temperatura se eleva. Cada dia um pouco mais. O médico diz que não é febre. É, porque sinto. Acima de 36,5 já estou febril. Mas febre é só a partir de 37, insiste o médico. Um amigo pensa que uma infecção está tentando se instalar e meu corpo está começando a se defender, talvez não consiga. Tomar a temperatura vira uma mania, como abrir a boca à caça de placas brancas, apalpar o pescoço, as axilas, as virilhas em busca de gânglios ameaçadores.

Vou procurar outro médico, preciso sair do torvelinho. Um médico classe A?, pergunta um amigo. Inútil, você não vai conseguir pagar. Vou, consigo um acordo com ele. Ele se preocupa com minha dor de cabeça, já mais forte, mais constante. Líquido cefalorraquidiano: é o novo personagem, o liquor. Ficar absolutamente imóvel com a agulha na nuca, é o terror. Mas já não é o terror, e sim a confiança no médico, farei tudo o que ele disser que precisa fazer, decidi. Me concentro, não me mexo um milímetro, a agulha entra tipo é agora ou nunca. Me deixam descansar. Meu acompanhante vem me buscar, conta que dormi bastante, não percebi. O atendente diz que o resultado ficará pronto amanhã. Dia seguinte, saio para qualquer coisa, não terei força para voltar para casa, tomo um táxi, tenho dinheiro, não consigo achar, o motorista aceita um cheque, tento preencher com letras o campo numérico, as letras não cabem e não consigo alinhar os algarismos no lugar das letras, inutilizo o cheque, tento outro, os números continuam não se organizando no lugar das letras. Desisto, saio, entro no prédio, vou dormir. Amanhã tenho que ir buscar o resultado do liquor, só penso nisso, amanhã não esquecer. Telefonema do médico, quando?, já reservou quarto para mim no hospital e deixou instruções, imediatamente. Aviso meu acompanhante, tem que achar um táxi. Telefonar a Fernando, não consigo lembrar o número, olho na caderneta, vejo o número, não consigo discar na ordem, uma, mais vezes. Então meu irmão: leio um por um os números mas não os disco na sequência certa, não percebo onde está o erro, mas há um erro. Desisto. No dia seguinte, o médico me pergunta por que não fui buscar os resultados, mas era amanhã. Meu irmão pergunta por que não o avisei, terá acreditado na minha resposta? Não consegui. Agora tenho que dizer Estou com meningite, mas a questão essencial não é essa, o fato é que estou com aids. Reage como se já estivesse diante do meu caixão, também, como poderia reagir? Aids é a morte anunciada. Sinto pena dele, da pena que sentirá na minha morte, o velório, o cortejo de carros, a cremação, tudo. Minha irmã também chegou, ela investe e discursa ao pé da cama: por que não os avisei? Avalanche de impropérios misturados a declarações de amor. Em resumo: me amam, mas não lhes deixo a possibilidade de mostrar que me amam. Está ofendida com a mágoa que causei a meu irmão — mas de bicha o que se pode esperar? Esse é o subtexto. Sem força para responder, preocupado com meu irmão, confundido pela situação, embora palavras me passem pela cabeça. Dia seguinte meu irmão demonstra uma afetividade que me comove, quer que seu filho saiba e pede que eu mesmo lhe anuncie minha situação. Falo com meu sobrinho, digo que tenho algo para lhe falar, ele responde: "Não te amo menos por isso". Essa declaração de amor me gela. Diz-se a um canceroso ou a um gripado "não te amo menos por isso"? Faço cara compreensiva e, com voz um pouco baixa, digo "eu sei".

Completarei o tratamento no ambulatório. Escapei? Minha recuperação rápida surpreendeu médico, enfermeiros, família e *tutti quanti*. No convênio médico me dizem que não encampam essa doença, de notificação compulsória. Fui internado nesse hospital classe A pela primeira e última vez, a senhora que me transmite a informação não é das mais amáveis. Ela não fala em doença, muito menos em aids, ela diz " *o seu problema*". Não respondo O meu problema é a senhora, receio piorar a situação. Tento forçá-la a pronunciar a palavra, digo "Qual é o meu problema?", ela responde "O senhor sabe, a sua doença". Ela não pronuncia. Ela acrescenta, generosa, "Mas o convênio está disposto a colaborar com o Estado, que tem recursos escassos". Poderei ser novamente internado, em outro hospital, distante, no Mandaqui — os amigos iriam me visitar? Pergunto se é bom (meu médico me diria mais tarde ser um dos piores da cidade), ela responde que até fazem operação do coração. Estou fraco, dominado, e a resposta só me veio muito tempo depois: houve sobreviventes?

Todos os dias, com fidelidade, meu companheiro me leva ao ambulatório, talvez um pouco decepcionado, o hospital era mais verdadeiro, mais palpitante. Tomo o metrô, ando sozinho calmamente, um tanto lento para meu gosto, mas tudo bem, o acompanhante é só para companhia e em caso de. Luís Antônio gosta da minha morte, da morte que está só em mim por enquanto, mas que vai acontecer publicamente, flores e lágrimas. Não consegue se convencer de que ama mais minha morte do que a mim mesmo, não entende. Não precisa entender, ele vive isso, eu, palavroso, que me esforço para que entenda. Quantas vezes depois de gostosa e amorosa trepada me disse com ternura "Ficarei com você até o fim!". Não é que associasse uma relação sexual com contaminação, estávamos perfeitamente tranquilos, é que sexo, amor e morte se fundem. Luís Antônio não se abalou quando lhe comuniquei que estava doente, os laços até se reforçaram: transar com um sujeito destinado à morte breve era excitante. Esse gosto mórbido, a forma de um amor, não deixava de me convir: doente, levava uma vida sexual feliz. Luís Antônio, certo dia, vê o mercado de flores abarrotado, pessoas comprando, sabe que gosto e resolve me oferecer flores. Estávamos num primeiro de novembro. Ele nem percebeu. Mineiro só é solidário no câncer. A crise chega: aplicam-me o remédio no ambulatório, calafrios me sacodem, 39 graus. Tento andar, as pernas não aguentam, meu fiel escudeiro e a enfermeira me sustentam. Novalgina. Volto à temperatura normal. Telefono para o médico, ele tinha reduzido o soro para tornar a aplicação mais rápida e suprimido o antitérmico para diminuir a quantidade de remédios que me entram no sangue, e conclui: "Você chegou a sua *borderline*". É um tratamento personalizado, não uma aplicação mecânica de tabelas, tem algo de experimental nisso, um risco controlado, o médico, a doença, meu corpo e eu dialogamos, fico estimulado. Depois do choque térmico e do susto, minha confiança no médico aumenta. Um amigo me acha louco, isso não passa de mais um descuido médico, os pacientes que aguentem. Não consigo fazê-lo entender como é interessante estar na *borderline*.

Feliz coincidência, não sei, volto à universidade, a instituição nada percebeu. A meningite coincidiu com uma viagem programada, minha substituição estava prevista. Bastou um memorando avisando que, por motivos de saúde, a viagem não se realizara. Mantinha informados os professores mais chegados desde o início, deles recebi apoio e afeto desde que comecei a carrada de exames e até descobrir a origem dos sintomas. Semanas, os exames foram pingando, o Elisa foi o último. Os médicos de convênio não pedem todos os exames de uma vez, oneraria a empresa, para médico de convênio, jovem inexperiente ou velho em fim de carreira, primeiro a empresa, depois o paciente. A médica diz que a doença não é com ela, devo procurar um imunologista. Qual? Ela não sabe dizer. Saio da clínica. Tudo está aí, as árvores, as casas, as calçadas, o asfalto. Tudo, mas é como uma aparência transparente. Posso pisar no chão, sei que não vai afundar, mas é um raciocínio, não uma sensação. Fábio me acompanha, ele não sabe o que dizer, eu não sei o que dizer, haveria algo a dizer? O que vai ser? Como vai ser? Quando? São onze horas da manhã, vamos tomar uma cerveja, não passa pela cabeça outra coisa que se pudesse fazer.

Refeito da meningite, retomo as aulas, retomo o filme. Este não vai bem. O laboratorista não entrega o material, não posso montar, estamos longe do fim.

As dificuldades de produção me exasperam, tanto mais que me desviam do trabalho propriamente dito de realização. Um surto bastante incompreensível de verrugas leva o dermatologista a me perguntar se tenho algum problema na vida que provoque intensa ansiedade. A resposta cabe numa palavra: o laboratorista. Essas dificuldades, que preferiria não existissem, são positivas, pois, intuo, tornam o filme um desafio. Esse desafio me faz viver, não digo sobreviver, me faz viver. Intuo também um leve vazio oculto: vencido esse desafio, pois o vencerei, vou desabar, o que vai ser de mim se não tiver algo assim violento para manter-me vivo? Sinto um longínquo medo de acabar. O laboratorista alucinado seria um cúmplice?

O laboratorista se esconde, manda a empregada responder que já saiu ou ainda não voltou, nem adianta ligar às sete da manhã. Tomo um táxi, e como quem está passeando às sete e meia por mero acaso vejo-o saindo de casa. Marcamos um encontro. Explico que deve me entregar o material já com meses de atraso, e explico que estou doente, nesse ritmo nunca chegarei ao fim, ele tem que respeitar prazos para que pelo menos eu tente acabar o filme antes de morrer. Quero ver esse filme. Me sinto num palco de ópera, fazendo chantagem com a doença.

Mensalmente, busco remédios no hospital público. Estão militarizando o hospital. Agora precisa de crachá para entrar. Num primeiro momento, obtinha-se o crachá dentro do hospital. Agora é numa guarita externa, com demorada fila de pacientes e familiares expostos a sol e chuvas e aos funcionários públicos. Tudo começou com um assalto num dia de pagamento do pessoal. O sistema repressivo se volta contra os usuários. Fico exasperado. Brigo com uma japonesa, digo-lhe que os pacientes são um estorvo, o hospital funcionaria maravilhosamente sem eles. Face indiferente da japonesa atrás de seu guichê protetor. Tenho que me controlar e tentar lidar com o descaso público como uma realidade. Essa exasperação não altera o sistema e se volta contra mim, me deixa mal. Assim mesmo, uma pequena vitória contra o sistema monumental e inabalável: uma receita extraviada, a funcionária pede que solicite outra ao médico, me recuso, já fiz o que tinha que fazer, agora ela que faça seu trabalho. A receita extraviada e não substituída leva a identificar tráfico de remédios dentro do hospital. Apenas uma pequena vitória, provavelmente sem maiores consequências.

Encontro um professor num corredor, está organizando um colóquio internacional sobre arte e dor para dentro de um ano ou mais, me convida. Recuso, não quero me espalhar, quero me concentrar sobre o fundamental — o filme. Ele insiste um pouquinho só, e aceito logo: posso aceitar qualquer coisa a longo prazo, mesmo sem vontade, já estarei morto ou sem condição de fazer. Ele agradece.

Não sou mais o mesmo, o mesmo indivíduo de antes só que agora doente, a doença criou um novo indivíduo ou criei um novo indivíduo pela doença. Uma vibratilidade nova torna tudo mais agudo. Tento fazer um balanço

Jean-François,
Espero o médico e te escrevo. O que há de novo em matéria de saúde (ou de doença)?

1) Faço o impossível para me tornar um fenômeno, mas não consigo. Assim mesmo, uma pequena vitória.

2) A meningite está curada = não acham mais

vestígio do criptococcus-neoformans (*é o fungo da meningite, o outro, o vírus, continua aqui*) *no meu corpo. Ora, isso não acontece com os portadores do HIV, dizem, o fungo deveria ficar quieto, mas estar sempre presente. Daí comoção, relatório a uma médica francesa. Estou pensando numa nova carreira: apresentar-me em congressos de medicina. Mas, se há sucessos, há também derrotas:*

3) *O AZT não faz mais efeito. O sistema imuno está tão afundado como no início do ano. Portanto*

4) *tomo DDI, o que é aborrecidíssimo: uma dose a cada doze horas com uma hora e meia de jejum antes e uma hora e meia de jejum depois. O dia está em grande parte ritmado por esses malditos comprimidos. Em contrapartida*

5) *nenhum dos efeitos colaterais costumeiros: desarranjos intestinais, náuseas, dores musculares. Mas, além da questão fisiológica, pergunto-me se não há uma questão psicológica. Observo-me e penso que a doença acarreta modificações.*

6) *Sinto-me superior. O fato de estar doente, de ter* esta *doença, me dá a impressão de pertencer a*

um grupo privilegiado, a um corpo de elite. Não me pergunte por quê, é, talvez, por certo, um pouco demente, mas é assim. Pode ser que Fernando sinta alguma coisa dessa ordem, mas no caso dele é menos nítido.

7) Cuido bastante da minha roupa e aprecio sapatos de couro com saltos um pouco mais altos que a média. Em realidade, desejo de me vestir com uma elegância um tanto rebuscada, bem acima dos meus meios... Penso que pertencem ao mesmo paradigma:

8) gostar cada vez mais de comer sobremesas elaboradas e

9) tomar cada vez menos ônibus e cada vez mais táxis, apesar dos aumentos quase semanais, inflação manda. Isso se inscreve também num outro paradigma: não perder tempo, a não ser que seja de modo agradável com amigos. Escrever-lhes, ainda que tarde. Receber cartas deles, ainda que tarde.

10) Não ter nenhuma paciência com os paquidermes, numerosos no mundo. Ter cada vez mais tendência a privilegiar os estudantes que se distinguem pela sua inteligência e sensibilidade.

11) *Não suportar o novo chefe, que é uma toupeira. Todos se queixam, mas ninguém faz nada. Está destruindo sistematicamente as brilhantes conquistas dos quatro anos da gestão anterior. Reunião dentro de alguns dias. Já avisei alguns colegas que se os resultados da reunião não forem satisfatórios, e não podem ser, arrancarei a placa que figura na porta do supranomeado chefe, onde está escrito: Chefia. Esse chefe já disse que eu lhe fiz subir o colesterol a 221. Próxima etapa: 312. Não corro nenhum risco.*

12) *Considerar a ironia como um valor acima de qualquer outro. Mas tomar isso ironicamente, isto é, considerar que a grande força de renovação deste mundo é o fundamentalismo sob suas diversas formas. Considerar que as Testemunhas de Jeová que recusaram que seu filho recebesse uma transfusão de sangue e preferiram deixá-lo morrer, ou os egípcios que querem destruir as pirâmides porque os faraós pertenciam a uma sociedade pervertida, devem ser tomados seriamente em consideração. Considerar que o mundo moderno está tensionado entre*

a ironia e os fundamentalismos, e que só importa esse tensionamento. Para informar-se — via ironia, já que não tenho outros meios — sobre alguns aspectos do fundamentalismo, acompanhar um curso do teólogo de Leipzig Christian Rücke. Não impedir-se por causa disso de transar com fundamentalistas, se treparem bem e se a oportunidade se apresentar.

13) Desejo de produzir muito. O filme vai bem, apesar das enormes dificuldades psicológicas geradas pelo meu laboratorista, pois as dificuldades técnicas foram, acredito, superadas e chegamos a testes imagem cor e PB de alta qualidade. Mas o cara é louco, hipocondríaco, não tem nenhuma noção de tempo (os testes foram entregues com sete meses de atraso e a financiadora bloqueou a conta bancária, agora desbloqueada) e malcasado. Sua esposa me liga para dizer que o marido está doente porque trabalha comigo. A seguir, o marido me telefona para dizer que a esposa está louca e que devo desconsiderar tudo o que ela me disser. Em contrapartida, comecei a trabalhar com um compositor na faixa sonora, ele é cool.

* * *

Esta carta foi necessária, mas não deixa de ser inconveniente. Sei que sou um doente privilegiado. O que vivo, tento viver, como seria possível para aquele que saiu do seu bairro periférico apenas com o dinheiro da passagem para ir ao hospital e, na volta, encontrou suas roupas queimadas pela família para evitar o contágio? aquele, desempregado porque doente, apoio de pais de mais de setenta anos, varado pela diarreia, e que não comia nada até que pelo fim da tarde conseguíamos levar-lhe algum alimento? aquele, denunciado pela tez cada vez mais opaca, aterrorizado com a perspectiva de se tornar objeto de chacotas machistas se seus colegas viessem a descobrir? Sou aidético privilegiado.

A doença é uma fonte de energia. A doença não é uma fonte de energia, fonte de energia é o enfrentamento da doença. Fernando me reprime e não quer ouvir o que digo. Digo aids e não digo doença, digo SOU AIDÉTICO e não digo Estou doente ou Sou portador do HIV. Já que estamos com aids, pelo menos que se viva a doença com intensidade. Ele se incomoda, Por que ser tão duro, tão agressivo? (não tenho nenhuma tendência pelo politicamente correto), prefere formulações mais suaves, à sua maneira ele luta. No foyer do primeiro andar do teatro Ruth Escobar, senta-se num parapeito que dá para a rua, eu o sinto fraco, peço que mude de lugar. Embora obstinado, ele aceita, Seria besta demais, a gente faz tanto esforço para continuar a viver. Tirar energia da doença implica nomeá-la e olhá-la de frente. Trabalho freneticamente e obedeço rigorosamente a todas as instruções do médico. Saio da universidade, tenho um encontro marcado, mas percebo ter esquecido o remédio que devia tomar, volto para casa, e chego atrasado. Fernando me critica, Isso já virou mania, ele também tinha esquecido, Se deixar de tomar uma vez ou tomar mais tarde, qual o problema? Não, faço tudo conforme manda o figurino. Uma agenda eletrônica ritma minha vida tocando as horas dos remédios, nunca a desligo, virou prótese. Você está obcecado e obsessivo, relaxe um pouco, te fará bem. Na lanchonete, mais um desentendimento. Ele pede um suco de laranja. Susto o pedido, Como tomar suco se está com desarranjo intestinal? Fernando grita que não aguenta mais se privar de tudo, tomar só água, todos os dias. Comemos o nosso sanduíche nos olhando como cão e gato. Na saída, reconhece que, pensando bem, não deixo de ter alguma razão. Eu o abraço. Eu o amo.

A aprendizagem íntima da aids eu fiz com Fernando.

Inicialmente, com timidez. Só três dias depois de ter feito o teste, ele me revelou. Por que não me chamou? Questão de autossuficiência. Encontro-o no dia dos resultados, vamos a um bar, observo mas não percebo nenhuma alteração na sua fisionomia, falamos sobre cinema, teatro, a chuva talvez. Finalmente pergunto, ele responde, E poderia ser diferente? Fernando piorou rapidamente, disenteria incessante, desidratado, a pele fosca. Levo terra para ele, muita terra, convencido que estou de que terra segura os intestinos. Sem nenhum resultado, mas também toma tão pouco, é para tomar muita. Fernando não suporta que lhe digam que o amam, acha piegas, deselegante, mas tanta terra é amor. Da doença, não quer falar, em filigrana insinua que morrerá em breve. Encarar os fatos com seus nomes, não. Então, escrevo para encontrar terreno mais firme onde pisar,

Jean-François,

Fernando é soropositivo.

Não quer falar disso com ninguém. Por enquanto, só comigo, e vá lá. Estou sufocando. Então grito de longe, por carta.

Voltou a trabalhar, está até bem, de certo modo. Emagreceu, está branco, não, cinza, marrom.

Já tem sintomas inquietantes. Antes mesmo dos resultados, eu sabia que ele era soropositivo.

Até breve, é tarde, vou deitar-me. As noites são difíceis.

Fernando melhorou, não por causa da terra. Tinha guardado algum dinheiro para um curso de arquitetura em Londres. Esse curso não vai acontecer, Se quiser vamos para a Europa, agora ou nunca. Na véspera da partida, me telefona um amigo ou conhecido de Fernando, ficou sabendo da viagem e afirma que sou absolutamente irresponsável de empreender tal viagem no estado grave de Fernando. Eu sei que é uma viagem de risco, eu sei que poderá fracassar, mas estou decidido. O telefonema me abalou, e se não tivesse avaliado os riscos? Meu voluntarismo pode prejudicar Fernando. Fomos até Veneza... *morte em Veneza*. Difícil foi a chegada a Florença. Na primeira noite, enfraquecimento súbito de Fernando, a febre sobe, estou com endereços, levados escondido, de grupos meu acompanhante e munido de toda a minha força de vontade, lá vou eu. A atendente pergunta se já fiz esse exame, se meu médico me informou, começo a ficar preocupado de verdade. Espero, a hora marcada passa. Uma enfermeira vem se desculpar, É que uma paciente não conseguiu fazer o exame e tiveram que anestesiá-la. Chegou a hora de fazer relaxamento. Me introduzem num corredor e a enfermeira, através do vidro, A máquina é esta. Me introduzem agora numa pequena sala, para tirar a roupa e vestir uma blusa. A sala é envidraçada e posso ver a máquina do outro lado, deixam-me um longo tempo, concluo que é para me familiarizar. Não é possível, não posso pifar. Um médico me introduz na sala da máquina, diz, A máquina é esta. Serei amarrado e introduzido nesse túnel, terei de ficar rigorosamente imóvel, ouvirei ondas sonoras variadas com pequeno intervalo entre cada grupo, uns vinte minutos depois do início haverá uma curta interrupção, a seguir continuaremos, ficarei só na sala, mas se me sentir mal é só fazer um sinal com a mão, ele estará me observando do outro lado do vidro. Começam as ondas, acho um barato. Na realidade, não acho nada mas me esforço. Percebo que consciência e vontade de fazer o exame criam tensão e que não vou aguentar. Já estou enfiado neste túnel branco há muito tempo, o exame deveria estar acabando mas nem chegou a interrupção. O jeito é relaxar, de qualquer modo esta máquina não deve ser mortal, de qualquer modo faço tudo o que o médico mandar, de qualquer modo quero provar que o fungo está eliminado. Lembro o prazer de ouvir música eletroacústica, essas ondas não são tão diferentes. Na saída, o médico me faz contemplar meu cérebro no monitor, pergunto-lhe se conhece um músico chamado Philip Glass. Ele não conhece.

Levo os resultados ao médico. Sala de espera, encontro Moacir. Já nos tínhamos visto neste mesmo lugar e cumprimentado de longe. Sento-me perto dele, pela primeira vez conversamos. Conta que está doente há sete anos e continua se sentindo bem, trabalhando normalmente. É formado em filosofia. Depois de formado deu-se conta de que queria articular filosofia e história e resolveu fazer um curso de história, os quatro anos de graduação mesmo. Foi quando ficou sabendo que estava doente. Desistiu do curso, de que adiantava agora? Ele sabe que hoje teria completado o curso. O depoimento de Moacir pode ter sido o que faltava para reorganizar mais firmemente a minha cabeça. A evidência é: o nosso maior inimigo — um dos — é a depressão. A aids fomenta a depressão, a depressão colabora com a aids. Moacir é evidentemente um deprimido que faz uma longa e inútil psicanálise freudiana que em nada o ajuda a enfrentar sua situação. Voltam-me os sábios conselhos da psicóloga, Saia com guarda-chuva mesmo que não chova. Todas essas recomendações são depressivas. A depressão vem de dentro de nós, mas somos cercados por fatores externos que reforçam a depressão interna e são eles mesmos geradores de depressão. O médico me chama, do fungo, nem vestígio. Vitória. Retomo minha meditação. O pior é que essas recomendações, esses aconselhamentos nos vêm de quem em princípio nos quer bem, quer o melhor, quer nos proteger. Tudo isso nos é dito num momento de fraqueza e vamos assimilando, querendo nos proteger, ser protegidos, superprotegidos. Isso é mortal. Nossos protetores são agentes funerários. Com aids, melhor andar na chuva e se molhar do que ser superprotegido. Preferíveis os preconceituosos, Bem feito, você é viado, a situação fica delimitada, o chão está firme. Preferível o médico te jogar na cara, Se pegar uma gripe, o senhor poderá não sobreviver. Duro de aguentar, mas o terreno está firme. O chão dos falsos anjos da guarda é pantanoso. Que recolham sua boa vontade e seu humanismo. Também aqueles que veem em nós as gloriosas vítimas de um apocalíptico final de século ou de milênio. Os *angels in America*, que recolhem suas asas, são vampiros.

Fortalecido pelo enfrentamento da aids e infantilmente orgulhoso pelo sumiço do fungo da meningite, continuo a trabalhar no filme. Levo tratamentos do roteiro, mapas de montagem a Fernando, já não se interessa, concentrado que está em sobreviver e tentar manter uma aparência de vida profissional. Os prazeres italianos ficaram para trás.

Sala de espera. Moacir não está, já há algumas semanas que não o encontro.

Sem Fernando, que está visivelmente piorando e que já se atribui poucos meses de vida, o filme chega ao fim. Driblo a segurança do hospital, chego ao quarto, Fernando só tem uma fraca reação. Quero que vá ao banheiro, lave o rosto e escove os dentes. Entra a enfermeira, ela vai me expulsar. Não, ajudo a trocar a roupa de cama, a vestir Fernando, ela me agradece. Amparo Fernando na saída do banheiro, ele se deita, seu aspecto mudou, está todo animado. O desvelo de meu escudeiro, na época da meningite, provocou ciúme em Fernando, não reagiu, não demonstrou. Só agora ele o revela. Entendo o que ele não diz, não quer dizer. Neste momento. Agora tenho que sair, esta não é hora de visita. Fernando me pede para voltar com máquina fotográfica. No dia seguinte, ajeita o cabelo e posa para mim, primeiro na cama, consegue levantar e ir até a janela, será esta a imagem que ele quer deixar? Por que não o retrato que fiz dele, onde parece um galã de *film noir*, que ele mandou ampliar e emoldurar?

Novas análises de sangue não dão resultados brilhantes, os T4 despencaram. Como diz um gaiato, em matéria de T4 já estou no cheque especial. No entanto, não me sinto mal, embora cansado e agitado, mas cheio de dinamismo. Os amigos elogiam minha aparência, estou tão bem, o rosto mais cheio até, e mais corado (a agenda continua tocando), vou enterrá-los todos (ainda bem que Luís Antônio sempre me acha um pouco emagrecido, mas não deixo de lhe responder, Em casa de enforcado, não se fala em corda). Acho levianos esses comentários, me irrito, hesito entre não tomar conhecimento e responder, Não basta ver a fachada das usinas Krupp para compreender o capitalismo. Se pareço estar bem, é que não me norteio pelas aparências nem pelo meu relativo bem-estar, sei profundamente que estou doente, sei que estou profundamente doente. Mas fico agradecido, não o demonstro mas fico, sem essa aparência elogiada eu desabaria. Virei um espetáculo até para mim mesmo. Elogios só aceito do médico quando, sorridente diante de resultados de análises, ressalta a qualidade de meu sangue, inesperada até para quem teve meningite. Eu sei que, a situação piorando, ele não hesitaria em dizer com dureza, com a mesma franqueza com que me parabeniza. Uma outra imagem de mim mesmo se forma:

não existo mais, fui substituído. Enfio na cabeça que meu sistema imunológico está completamente destruído e que sobrevivo apenas à custa da quantidade de antiviral que tomo, de antibiótico e vacinas. Tornei-me artificial: essa é a base da minha nova vida — sei que não passa de fantasia, tanto faz, desde que me ajude a viver, que me faça viver. Essa imagem e minha confiança cega no médico são a base dessa sobrevida. Se o médico me pedir para plantar bananeira no parapeito da janela, faço sem hesitar. Onde isso vai parar? Me inquieto. Consulto uma psicóloga, exponho estar totalmente dependente do médico. Ela explica que na minha situação não há como não ficar dependente do médico, mas Você tem consciência da sua dependência e a controla. Embora desconfie dessa consciência e desse controle, já pensava o que a psicóloga afirmou, o que precisava era ouvir isso de fora, saio fortalecido, vou em frente.

O filme está pronto, anos de trabalho. A

montadora, o músico e eu estamos diante da mesa de montagem para mais alguns ajustes sonoros que precisam ser feitos. A montadora dispara a fita, me emociono até as lágrimas com esses personagens que buscam, não sabem o que buscam e nada encontram, com essa melodia que sempre se anuncia mas nunca se realiza. A emoção estanca, percebo nitidamente o instante em que começo a me aborrecer. Fim da projeção. Tenho um instante para dizer O.k., o filme é coerente e digno. Em segundos, mergulho dentro de mim, tenho que obedecer rigorosamente à minha emoção. Quase de olhos fechados, digo, Não é nada disso, remontamos. Um pouco apavorado com a reação dos colaboradores. Um certo estupor, mas não reagem mal. Fernando está inconsciente. Coma? Dopado? Não sei. Fernando está bonito como não estava há muito tempo. Seus longos cabelos pretos riscam o rosto tranquilo. Sei que esta será a última imagem. No corredor, choro convulsivo, me apoio na parede para não cair. Tenho que reescrever o filme, propor cortes que melhorem o ritmo, desorganizar sequências que lhe dão um aspecto sociológico que me desagrada. Faço umas primeiras propostas à montadora. Fernando permanece calmo e bonito. Reescrevo, jogo toda a minha dor nessa refeitura do filme. A dor da morte de Fernando. Culpabilizo, aproveito Fernando, sua agonia, minha dor para melhorar o filme. Que se dane o filme. Amo o filme. Minha angústia vaza na reescritura. Gosto da cara nova que ele adquire. Estou com o novo mapa de montagem na mão, vou entregá-lo à montadora, uma secretária me chama, telefone, saio da sala com os papéis na mão, Fernando faleceu às cinco horas e quarenta e cinco minutos, entrego o mapa de montagem, vou ao velório. Cego, me dirijo a outro velório, me seguram e encaminham para o caixão de Fernando. Não era a última imagem, pela janelinha do caixão vejo a face oficial do morto.

A morte de Fernando é mais difícil que a minha.

No apartamento de Fernando, algum parente pegou o retrato *film noir*, será a última imagem.

O filme estreia com sucesso. Aplausos, emoção, flores e lágrimas. Como sempre Carlito manda flores. E o vazio. O filme está feito. Fernando está morto. Nada me chama, não consigo pegar o telefone para falar com um amigo. Tenho que inventar algo, um novo desafio, vou soçobrar. Tenho ideias, nenhuma desperta interesse. Me acostumei a confiar nas minhas depressões, sei voltar à tona, desta não escaparei, fui longe demais. Os T4 devem estar baixando, estou me entregando. A perda de Fernando não provoca mais a dor vulcânica de semanas passadas, agora ela é surda, lenta, abafada. Não sinto fome, se quiser comer, só alimentos frios, saladas, sorvetes, aos pouquinhos, mastigar devagar, engolir racionalmente. Olho a foto de Fernando, fico em estado de contemplação, nada me motiva, se quiser escapar tenho de escondê-la. Escondo a foto de Fernando, nada me motiva, exponho-a de novo.

Comento meu estado com o médico, dando ênfase ao filme. Depressão, stress e afundamento do sistema imunológico formam um triângulo cujas pontas se alimentam reciprocamente. O médico sintetiza a situação, "Você está com sintomas de depressão pós-parto. Você se programou para morrer depois do filme e agora não sabe o que fazer com sua vida". O colóquio Arte e Dor aproxima-se, o médico também deveria participar, mas não terá tempo.

Caiu uma prótese dentária, mais essa. Não tenho ideia do que preparar para o colóquio, poderia procurar nos meus papéis, fuçar no computador, com certeza encontraria bom material, não sinto vontade de fazer isso, é vão. Alegar forte gripe ou a fratura da tíbia da minha tia seria fugir, me repugna. Telefono a meu dentista. Após palavras hesitantes, recusa-se a me atender. Não esperava outra resposta, cutucar a sua paúra era o que eu pretendia. Tempos atrás, dias depois de eu lhe ter anunciado que estava com aids — princípio ético de doente —, me mandou uma carta amável, que me pareceu um exercício de paranoia,

pensei muito antes de lhe escrever, mas resolvi, acho que é um dever confessar meu carinho por você.

Confesso também que depois da sua última visita fiquei horas e horas afogado neste consultório a pensar na porra desta vida e na porra dessa doença.

Me perdoe a intimidade, se falo, é porque antes, bem antes de ser um profissional da saúde, lhe tenho afeto.

Recebi da Associação dos Dentistas a recomendação de encaminhar os soropositivos a quem de direito. Isso significa [...] que há profissionais especializados em locais seguros. Valendo naturalmente uma estatística e um trabalho a serviço de vocês.

Os recursos das clínicas particulares pouco atendem aos tais quesitos.

Declaro no entanto que se me permitirem irei a esses consultórios para atendê-lo. Não só a você como a todos os que por mim passarem.

Aqui aguardo a sua resposta, já que em clima epistolar estamos!

Adorei seu último romance e espero o próximo. Pelo que senti, já está no prelo de sua cabeça [...].

Pois ei-lo, o próximo romance, não? Telefono a outra dentista que já me tratara. Nova resposta negativa, não por preconceito, mas por falta de autoclave. Continuo sem saber que comunicação apresentar ao colóquio Arte e Dor, ou melhor, só há uma possível, talvez necessária: a produção e criação de um filme no quadro da aids. Meu médico estranha, mas se me sentir à vontade isso contribuiria para afastar o fantasma que ronda, o aidético enfraquecido, de pele embaçada e olhar mortiço. Poderia também contribuir para sair da depressão. Nada de preconceitos, outra dentista aceita tratar-me, como um paciente qualquer, basta tomar as precauções de higiene habituais. O tratamento se anuncia demorado. Como vai ser a noite do colóquio? Os participantes que me precedem falam de pintores, de movimentos de artes plásticas — e de dor. Uns cem ouvintes estão na nossa frente, ainda me resta tempo para mudar tudo, com certeza encontrarei na hora o que falar sobre filmes dolorosos que conheço bem. Não vou mudar, preciso cuidar do tom de voz, da fluência da emissão, do vocabulário: tudo precisa ser discreto, não quero me tornar, como disse Serge Daney, uma diva da aids (fica mais charmoso em francês: *une diva du Sida*). Inicio comentando um comportamento acadêmico conforme o qual os universitários, independentemente de quão brilhantes sejam seus trabalhos, tendem a ocultar sua subjetividade atrás dos assuntos de que tratam. Não quero viver escondido atrás de um biombo: entro no meu tema com voz baixa, a emoção cresce em mim, controlo-a, sinto-a crescer também no auditório.

O tratamento dentário não deu resultado, as próteses não ficam no lugar. Os T4 nunca estiveram tão baixos, o médico, sempre otimista, mostra-se agora cético quanto a uma possível viagem. Procuro um quarto dentista. Chego ao consultório agastado por semanas de tratamento inútil e dispendioso e por monumental engarrafamento que me obrigou a percorrer grande parte do trajeto a pé em noite de garoa. Os nervos à flor da pele, exasperado, ouço a voz simpática, Como vai o senhor? Sorriso, olhar irônico, cabelos encaracolados, de repente tudo me tranquiliza. Sem as peripécias odontológicas, não teria encontrado Daniel. Daniel pergunta se eu sei quando se deu a contaminação, pergunta sobre lesões na boca, candidíase, sangramento de gengivas, não me trata como um paciente qualquer, mas especificamente como aidético, sinto-me seguro, melhor do que fingir que não há problema algum. As gracinhas do dentista transformam a consulta numa sessão de prazer. Viajarei com curativo provisório, não dá para concluir o tratamento antes da partida.

Ao acaso de uma rua, cruzo com um fantasma. Sinto uma maré subir dentro de mim. Avança pesadamente apoiado no braço de uma velha senhora, que imagino ser a mãe; a pele embaçada e o olhar mortiço borram uma possível juventude. Seus traços tensos sugerem que tiraniza a velha senhora, ela força uma expressão de tranquilidade. Apesar de tudo, ele é a lógica do futuro. Vou comprar uma camisa. Entro em várias lojas, demoro para escolher. Uma camisa mais, listrada. Um pouco cara.

Tive um pesadelo. Minha agenda eletrônica está desmontada, tento recolocar uma peça, outra escapa. Ela não fecha, pulam molas de todo lado. Comprimo-a fortemente para reter dentro dela todas as peças que fogem. Em vão. Acordo em pânico. A agenda está no criado-mudo, quieta.

Os T4 brincam de ioiô, subiram. Com um pequeno sorriso irônico, atribuo tão feliz notícia ao encontro com Daniel. De passagem por Paris, consulto um médico. Consigo fazer análises de ponta, me torno um dos aidéticos brasileiros mais investigados. Geneviève grita que é injusto eu estar doente, no apogeu da carreira, em plena criatividade, é revoltante. Aceito porque é dito com amor, por amor. Mas na sua atitude há algo que recuso, não adivinho o quê, algo me choca. Sei que não é por aí que devo caminhar. Tardo a perceber que não devo me revoltar contra a doença, que não me revoltei, que não devo considerá-la uma injustiça. Considerá-la uma injustiça seria fazer de mim mesmo uma vítima e isso me enfraqueceria diante da própria doença. Devo aceitar a doença. Na revolta, gastaria energia que devo usar para enfrentá-la friamente. Na Bélgica, vejo um documentário de entrevistas sobre médicos e médicas, enfermeiras e enfermeiros dedicados à aids: no início, como foi a doença para eles? Uma médica diz que seus preconceitos se dissiparam, acabou percebendo que bicha também é filho de Deus. Um médico que não tem o tipo esperado de sua profissão, cabelos compridos, brinco na orelha, declara, A aids é a liberdade. Minha reação é instantânea: é o único a saber o que significa estar com aids, os outros se esforçam para entender. Associo, não sei por quê, a *O amor à morte*, de meu filósofo preferido, Alain Resnais, quando, no início do filme, um homem, recém-ressuscitado e prevendo que não terá outra chance, resolve eliminar de sua nova vida tudo o que for aborrecido, ritualístico e desimportante, a esposa e o filho por exemplo, e dedicar-se apenas ao que importa. A quê? À futilidade. Associo a *Noites felinas*: numa frase, dita pela mãe, Talvez seja esse o tempo de amar, adivinhei que o realizador estava doente e trabalhava sua doença, o resto do filme, as transas anônimas, os vaivéns da contaminação, qualquer profissional faria. Envio um cartão-postal a meu dentista predileto.

De volta a Paris, os resultados do exame de ponta são catastróficos, o que é confirmado pelo meu médico. Se entendo bem: a lógica dos resultados é que eu deveria estar no mínimo numa cama de hospital em fase terminal. O médico não me desmente. Acontece que estou aqui. Já tomei todos os medicamentos sós e combinados, o médico aponta como única esperança um novo remédio cujo lançamento se aguarda para breve. Retomamos o tratamento dentário. Daniel, Tudo o que lhe dizem os médicos está fundamentado em análises quantitativas, não computam outros fatores. A sessão odontológica vira brincadeira prazerosa. Contemplo a orelha esquerda de Daniel, paisagem ladeada pelos cabelos e pela máscara. Estabelecemos um denso cronograma. Novas análises de sangue: o desastre se instala, o médico não esconde sua inquietação crescente, pelo que lhe sou grato, detestaria que mascarasse a situação. Em linguagem velada, falo de um ponto de não retorno, interromper o tratamento, desligar a máquina. Não me preocupo. Melhor acelerar o processo do que conhecer meses de inércia numa cama, o citomegalovírus, a cegueira, a diarreia incontrolável, os distúrbios cerebrais, a lentidão agônica do final. Tudo reside nesse ponto de não retorno, como determiná-lo, a meningite não poderia ter sido considerada um ponto de não retorno? O que invisto nessa ambiguidade? Talvez a preocupação que nego. Estou em stand by, não entendo por que estou vivo, me sinto um super-herói, evitar as ilusões, sentir-se um super-herói é infantil, tenho consciência, mas ajuda. O que chegará primeiro: a doença oportunista ou o novo remédio?

Desde a véspera, com a impaciência de um adolescente, anseio pela próxima consulta odontológica. Saio sempre leve e alegre.

Recebo um telegrama de Jean-François.

Apenas: A celebração da vida pela aceitação da morte.

De resto, podem cremar meu cadáver ou enterrá-lo num caixão, à sua escolha.

São Paulo-Porto Alegre, 1995

A doença, coda

Temos a intenção de fazer uma adaptação teatral de *A doença, uma experiência*. Para o palco, escrevi este final.

A nova medicação chegou. O famoso coquetel.

Estou enfraquecido, muitas vezes febril. Imunidade lá embaixo.

Laboratório. O sangue dá sinal de melhora, eu reajo — rapidamente, acrescenta o médico. Então é isso? A sobrevida começou?

Os amigos festejam... muitos anos de vida...

Não é mais a morte a curto prazo, a morte ficou mole.

Deixou de ser uma urgência criativa.

Organizar a cabeça para a morte breve fora uma exigência visceral. Agora vai tudo pro lixo? A morte me escapa.

Agora tem que reorganizar a cabeça. Para quê?

Para uma morte com prazo indeterminado.

Não mais essa morte que eu tinha construído com tanto vigor.

Mas uma morte qualquer, a morte de todos.

Sobre o autor

Jean-Claude Bernardet, de nacionalidade francesa, nasceu em 1936 em Charleroi, na Bélgica. Após passar a infância em Paris, mudou-se aos treze anos para o Brasil com a família. Sua relação com o cinema brasileiro teve início em São Paulo, ainda jovem, ao frequentar um cineclube próximo à livraria onde trabalhava. Esse seria o prelúdio de uma longa carreira no campo da crítica.

Depois de fazer um curso na Cinemateca Brasileira, foi convidado por Paulo Emílio Sales Gomes a trabalhar na instituição e logo assinaria artigos nos maiores jornais do país. Atuante no meio acadêmico, foi um dos fundadores do pioneiro curso de cinema da Universidade de Brasília, em 1965. Seu primeiro livro, *Brasil em tempo de cinema*, foi lançado dois anos depois. Em 1968, tornou-se professor no curso de cinema da Escola de Comunicações e Artes da USP.

Um dos principais críticos de cinema do país, é autor de vários livros teóricos, como *Cinema brasileiro: propostas para uma história*, *Cineastas e imagens do povo* e *Historiografia clássica do cinema brasileiro*, e também dos romances *Aquele rapaz*, *A doença, uma experiência* e *Os histéricos* — este em colaboração com Teixeira Coelho —, todos publicados pela Companhia das Letras. Foi coautor, com Luiz Sergio Person, do roteiro de *O caso dos irmãos Naves* e, com Roberto Moreira, de *Um céu de estrelas*; atuou em diversos filmes, como *Filmefobia*, de Kiko Goifman, e *Fome*, de Cristiano Burlan.